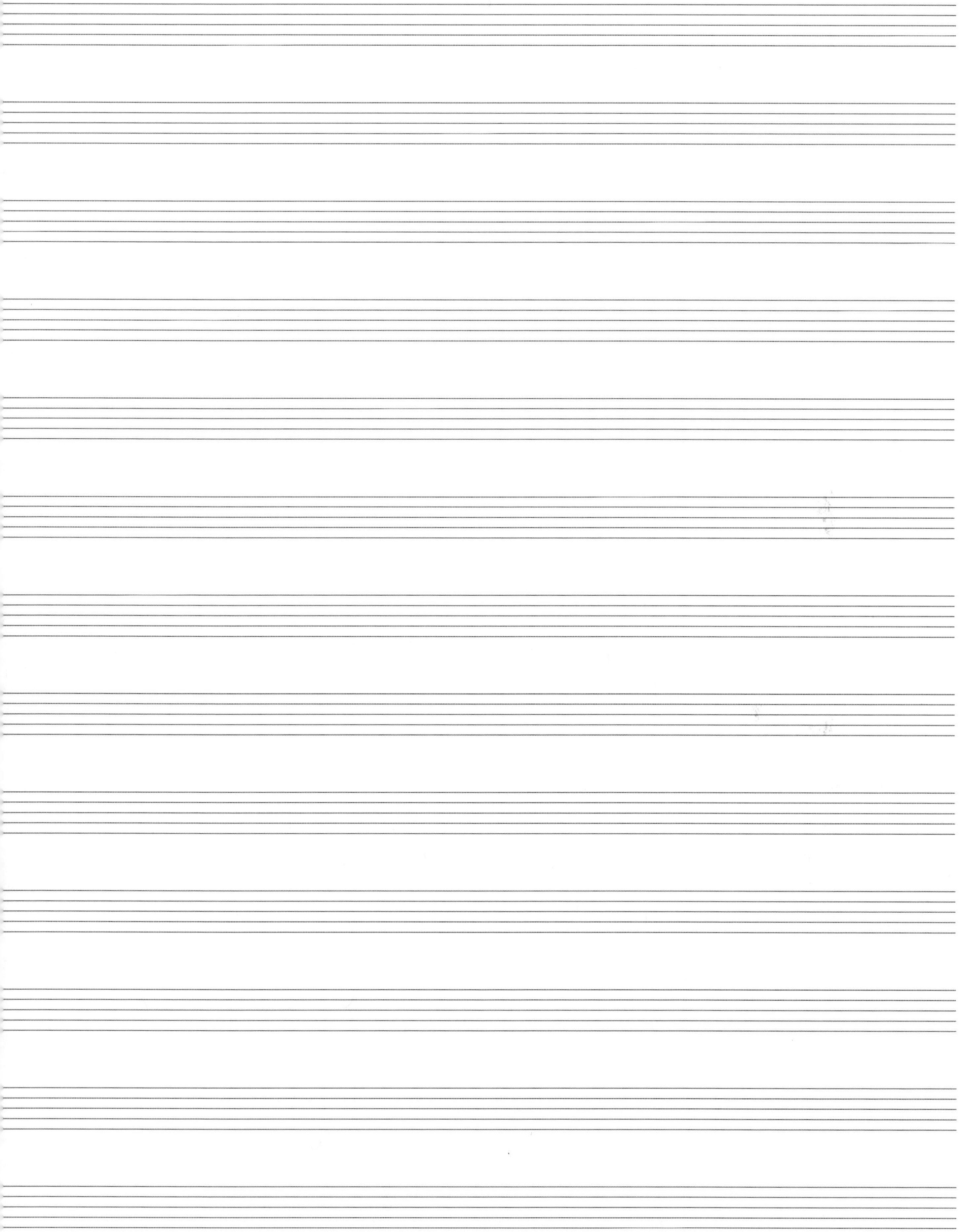

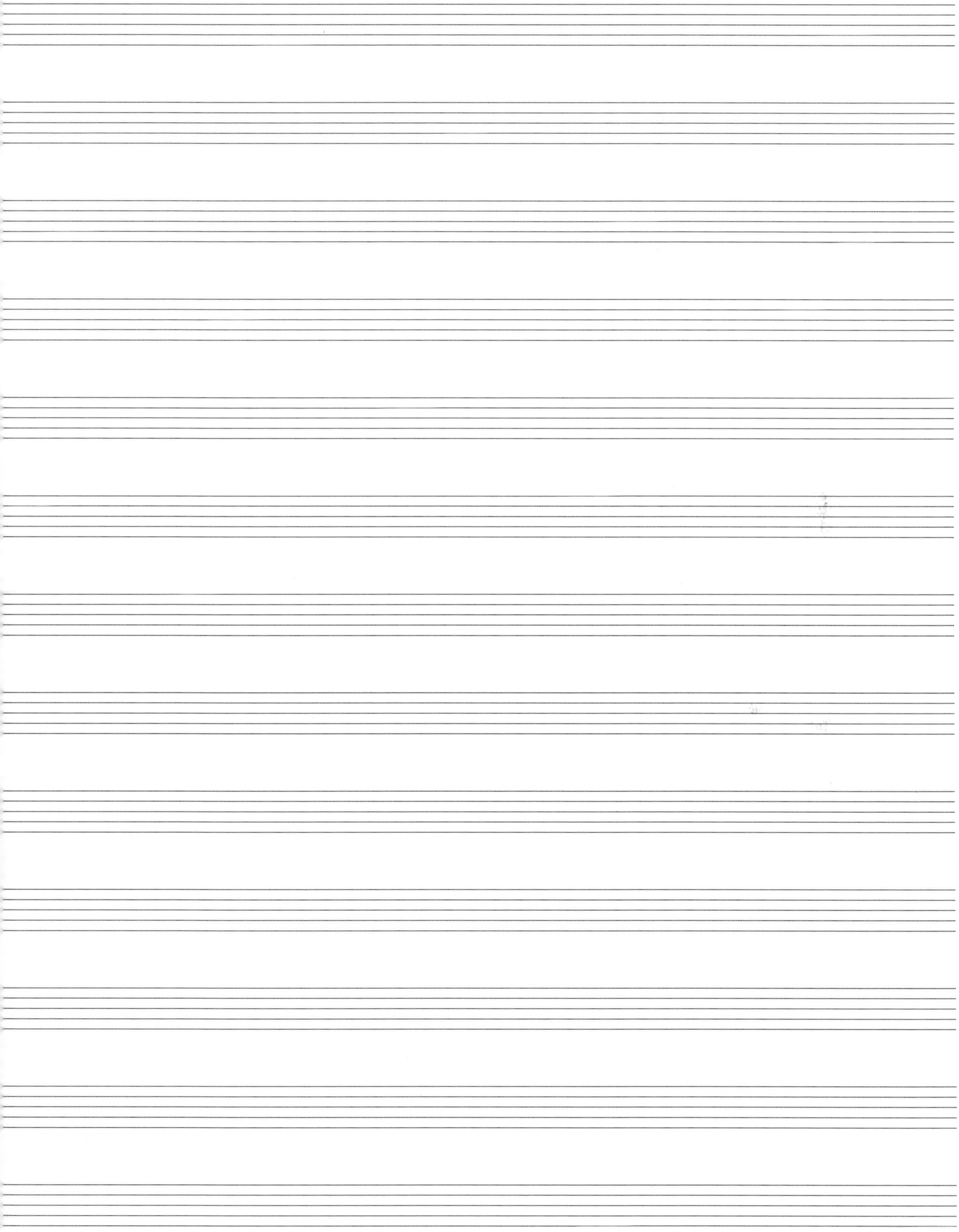

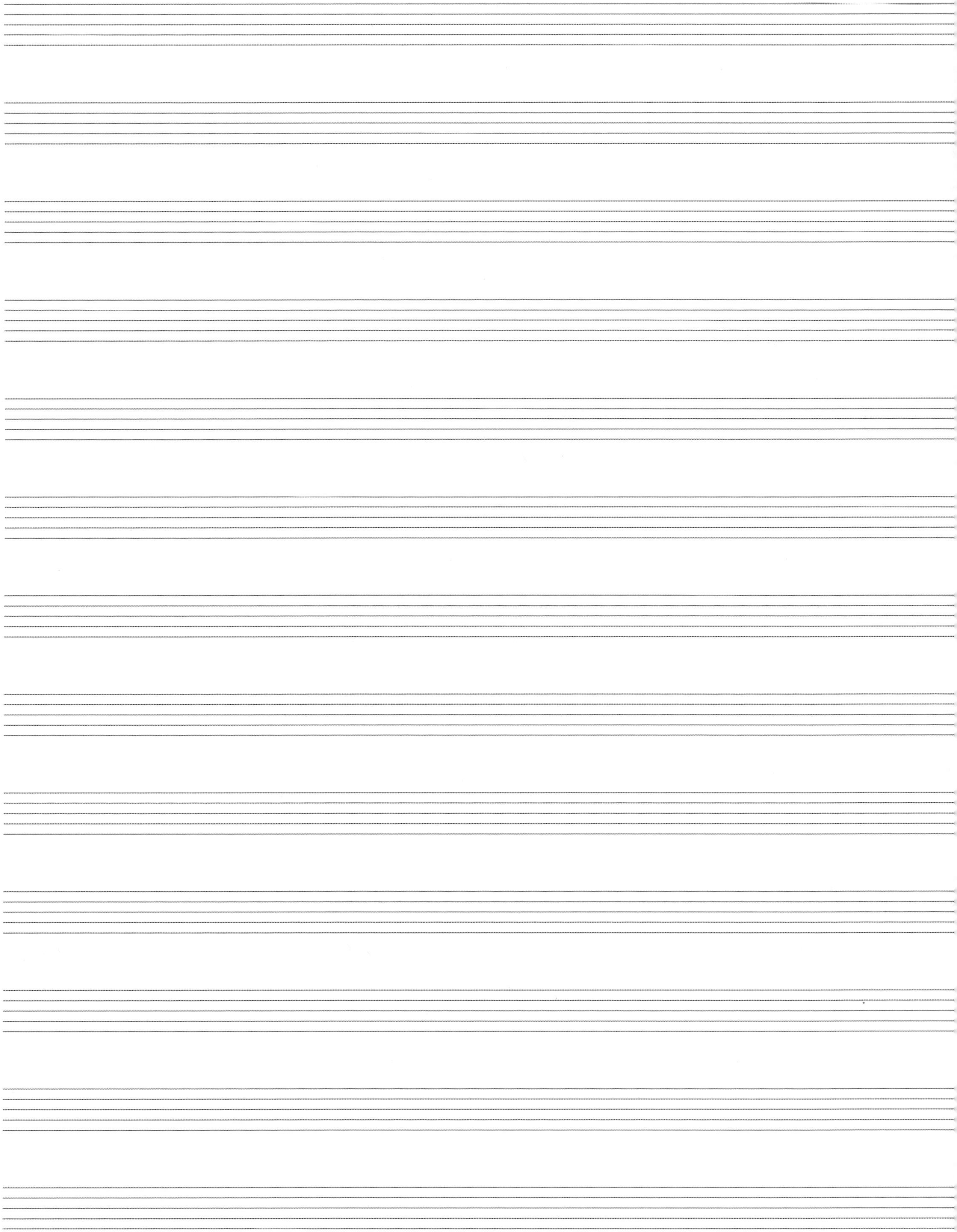

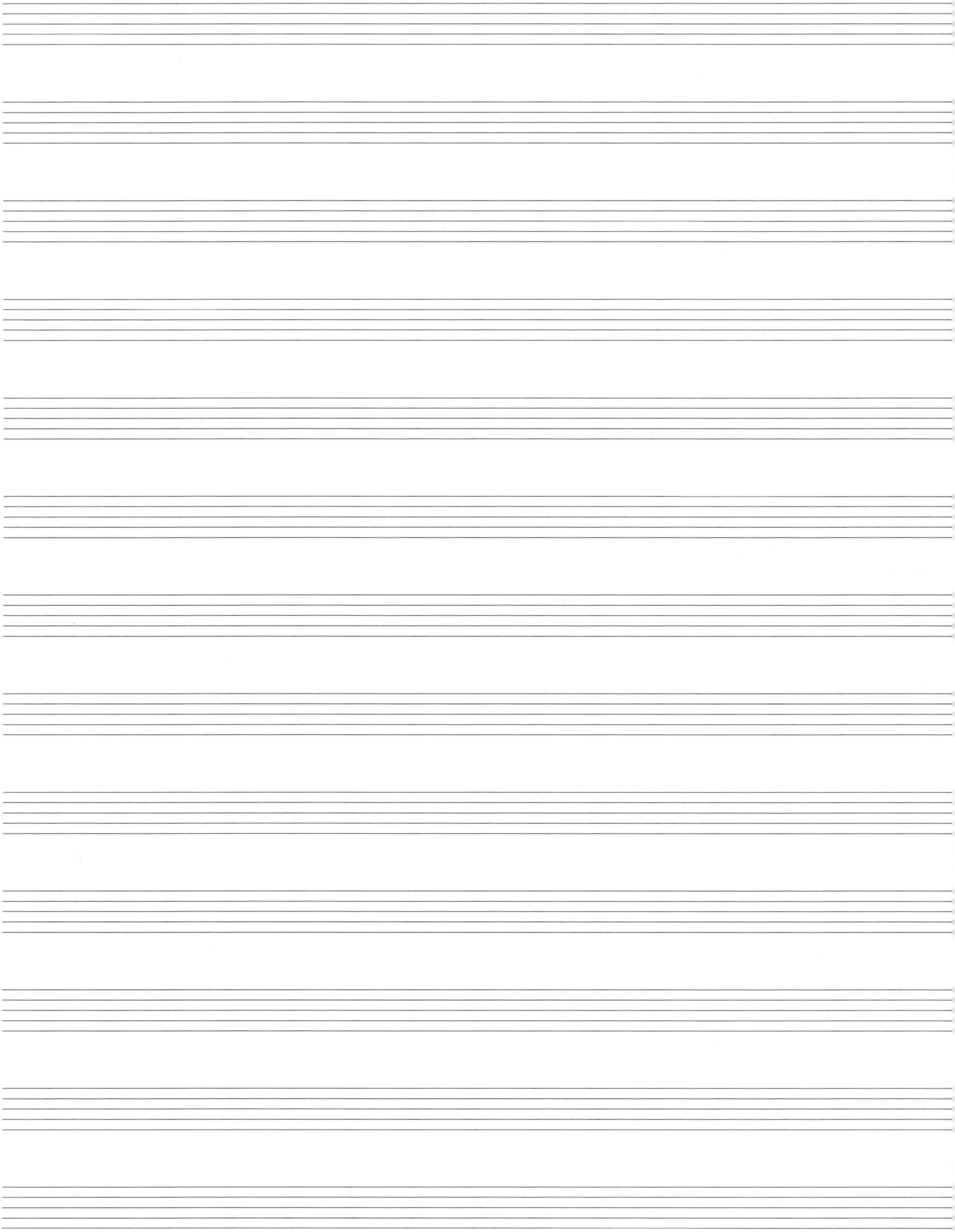

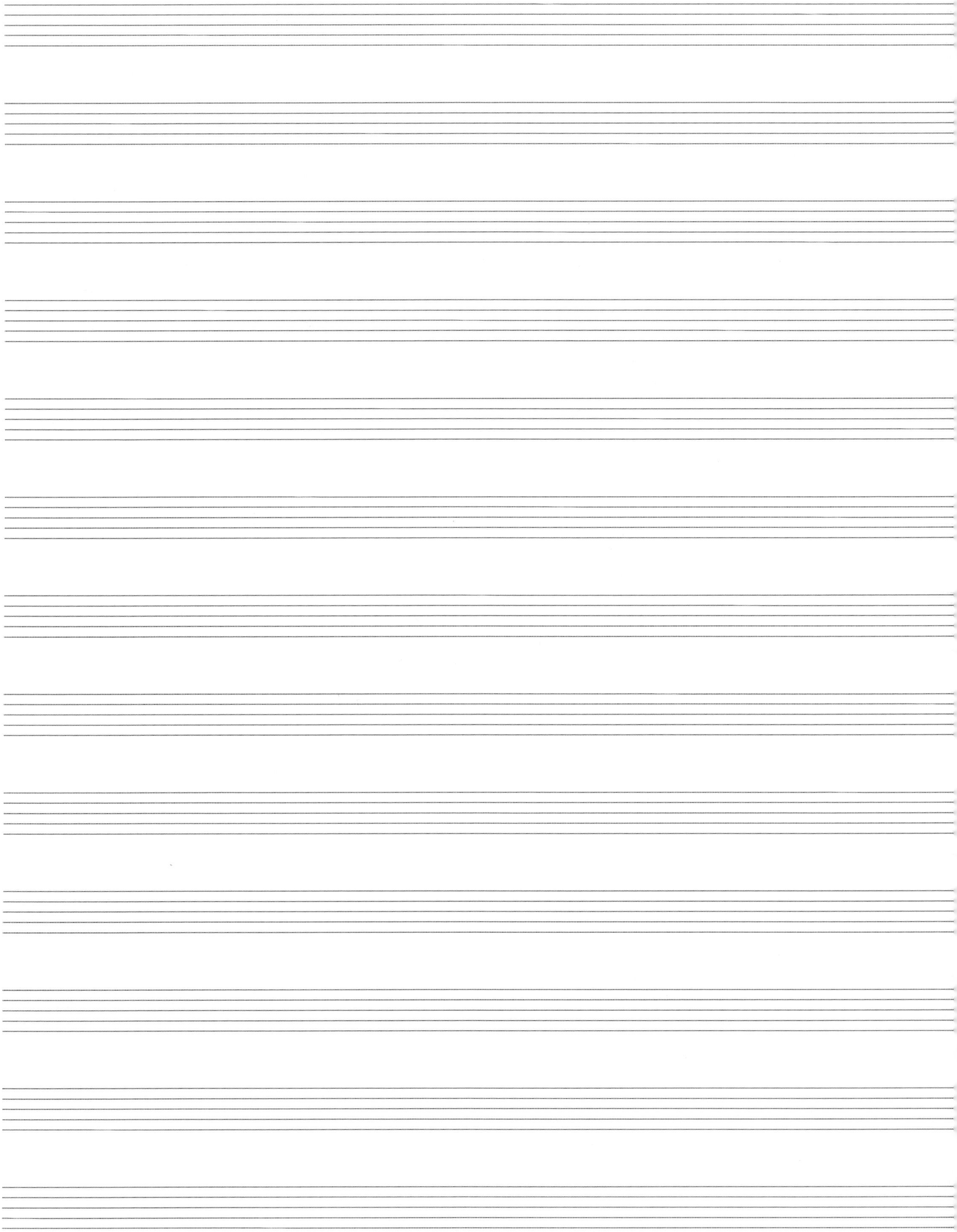

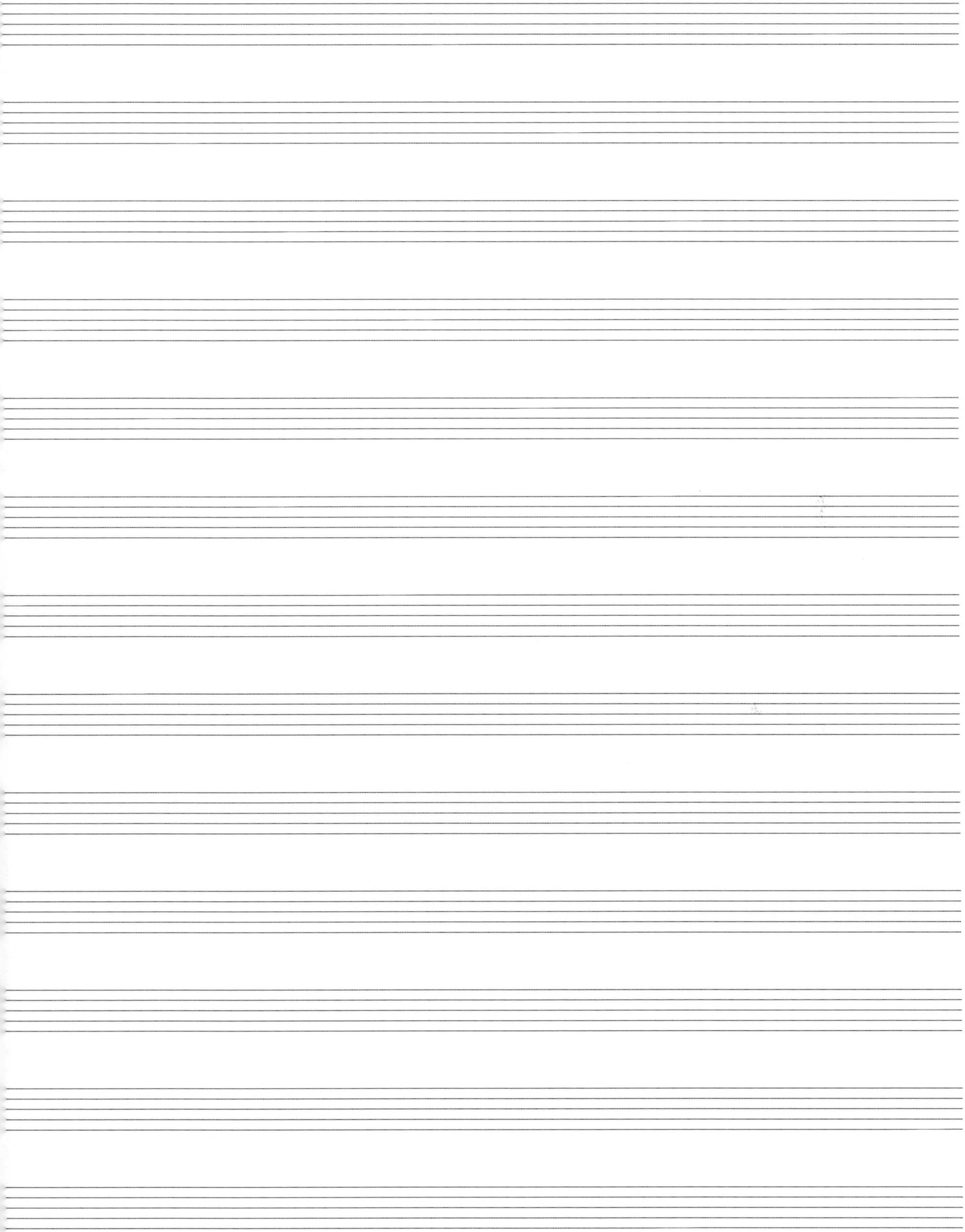

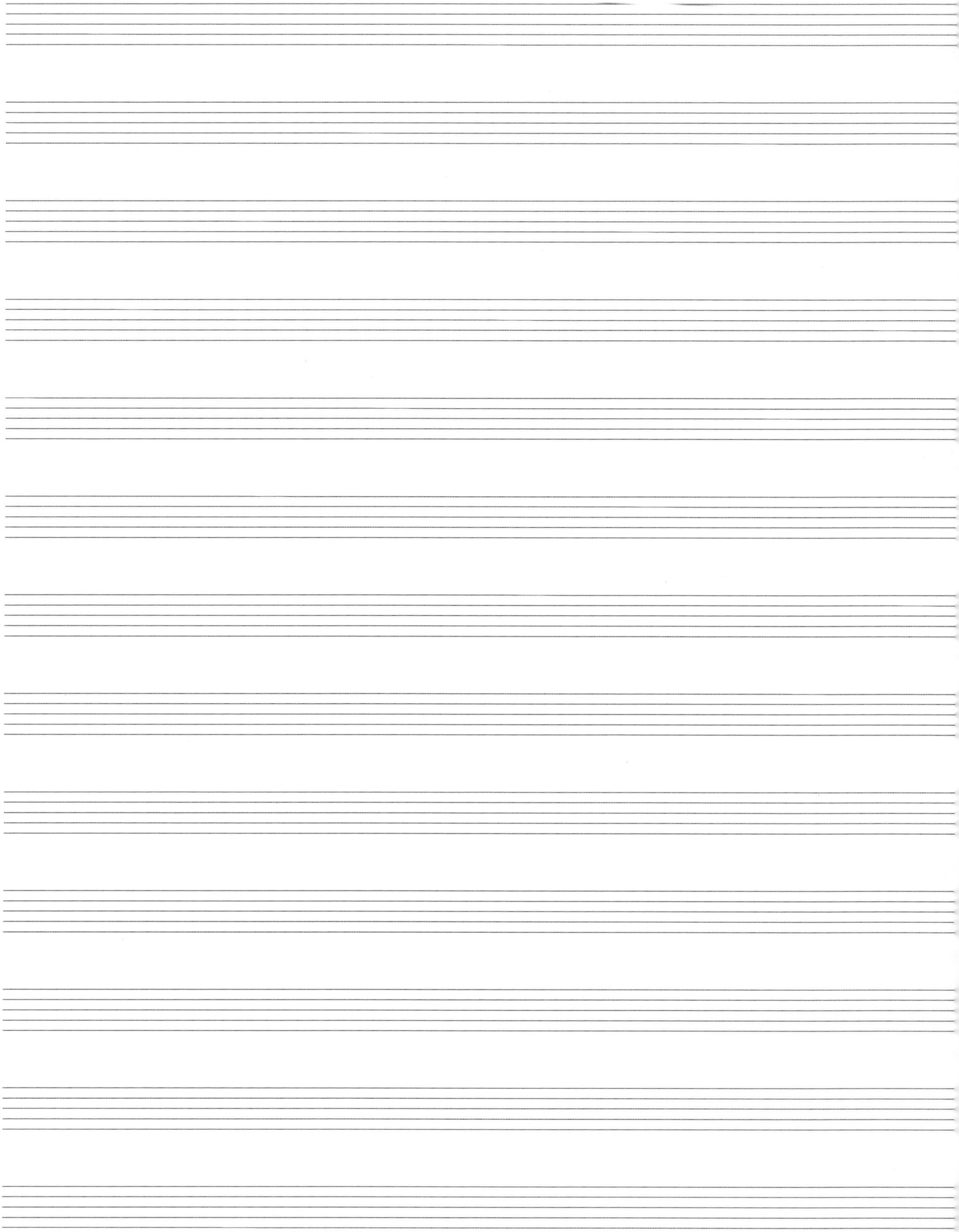

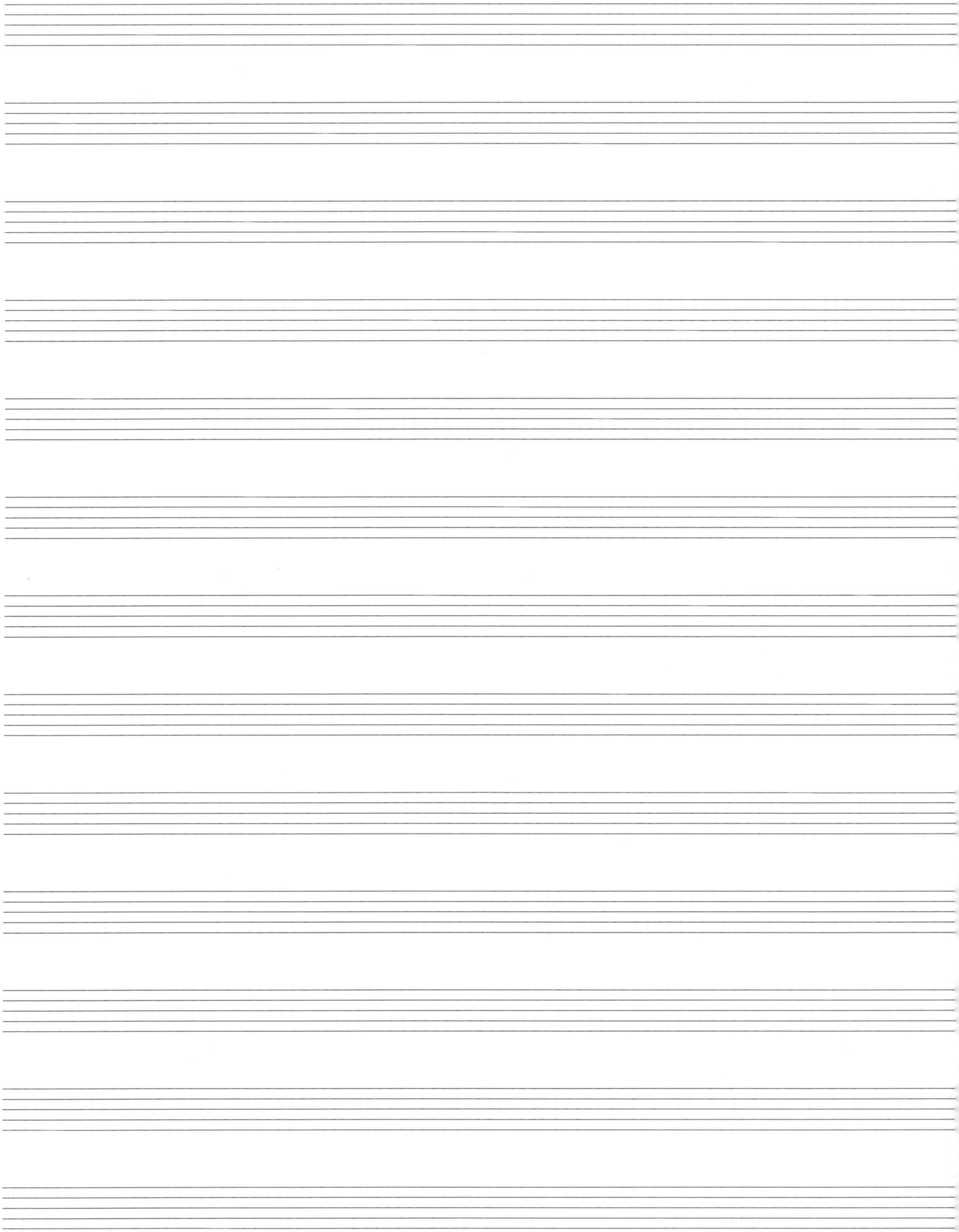

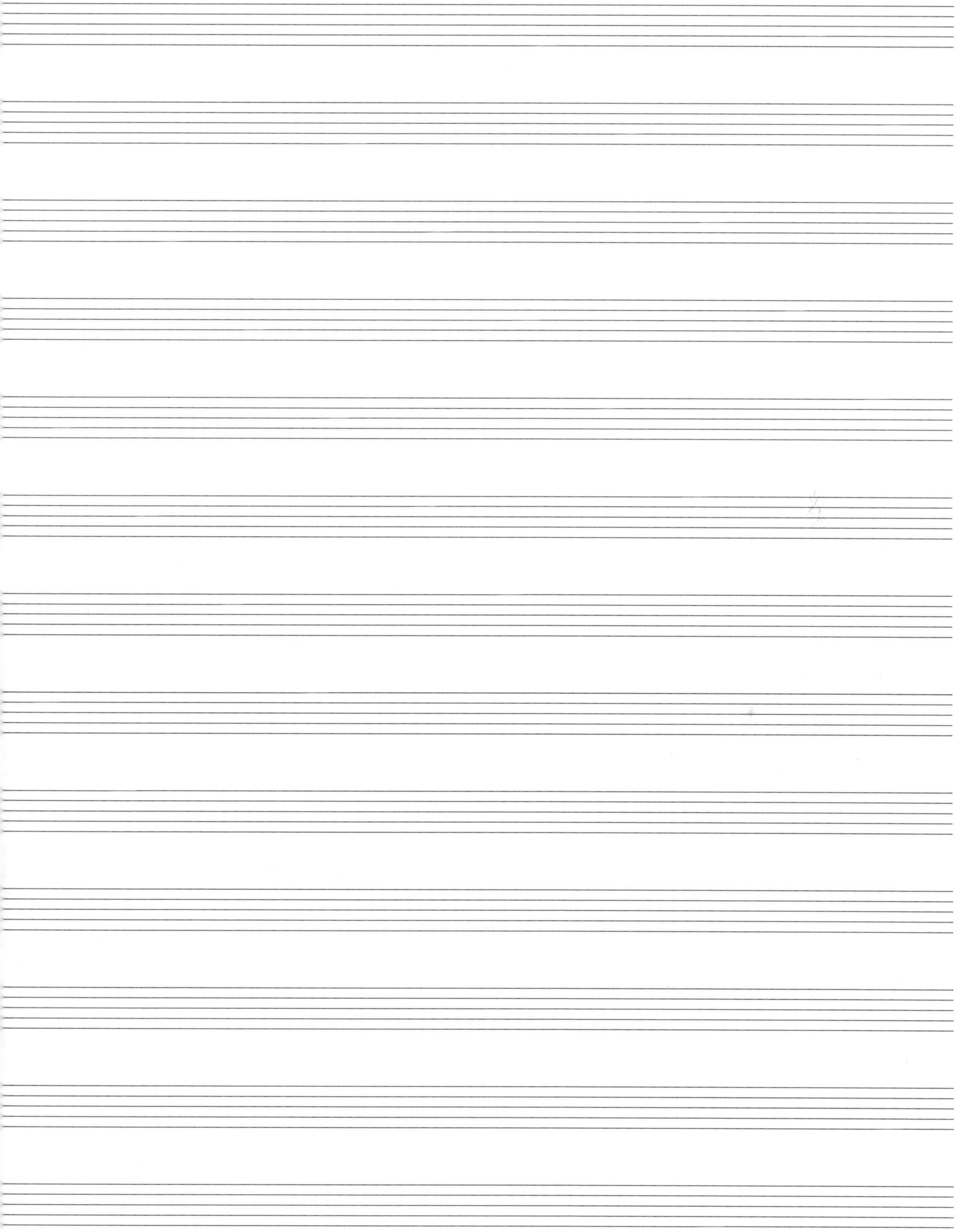

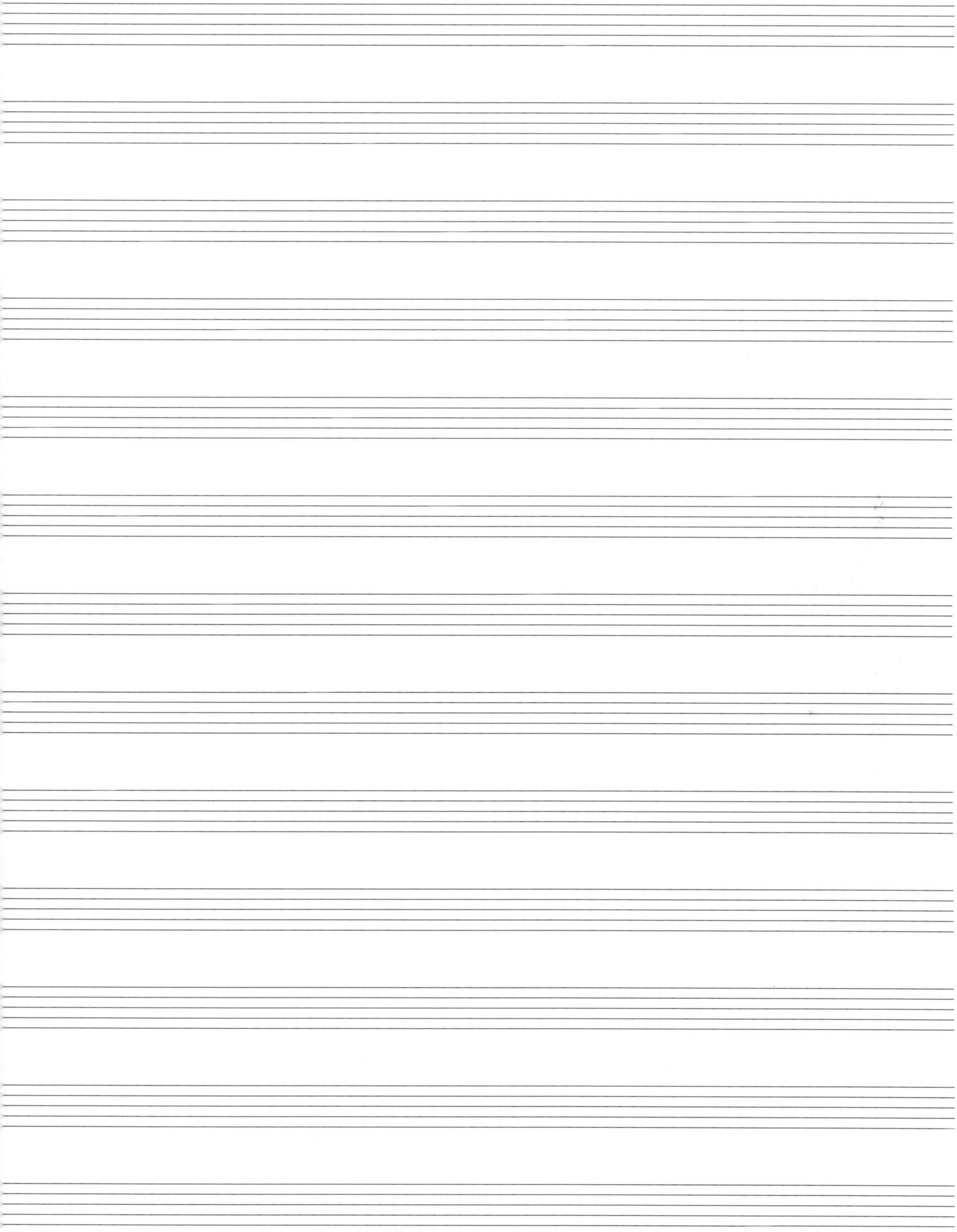

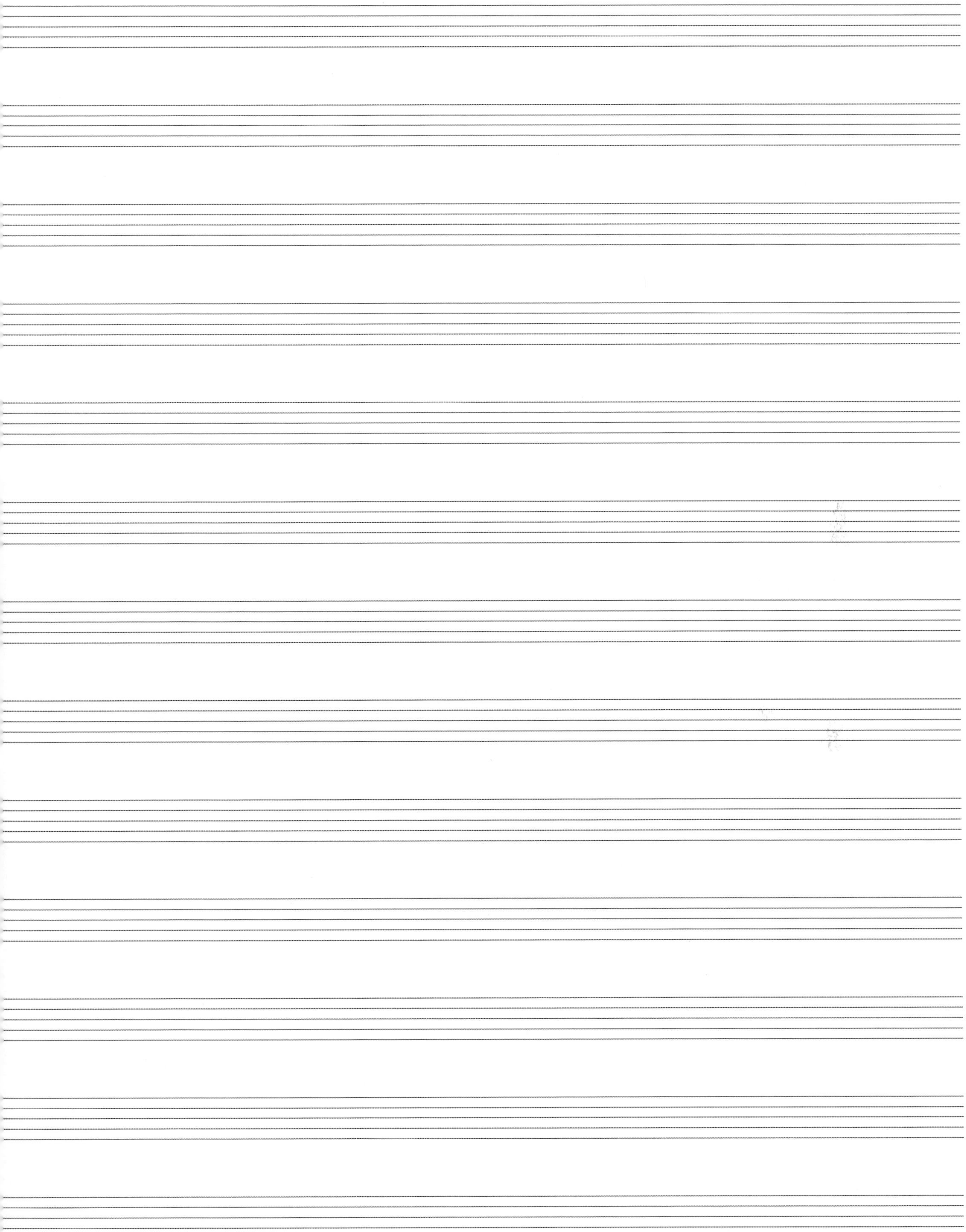

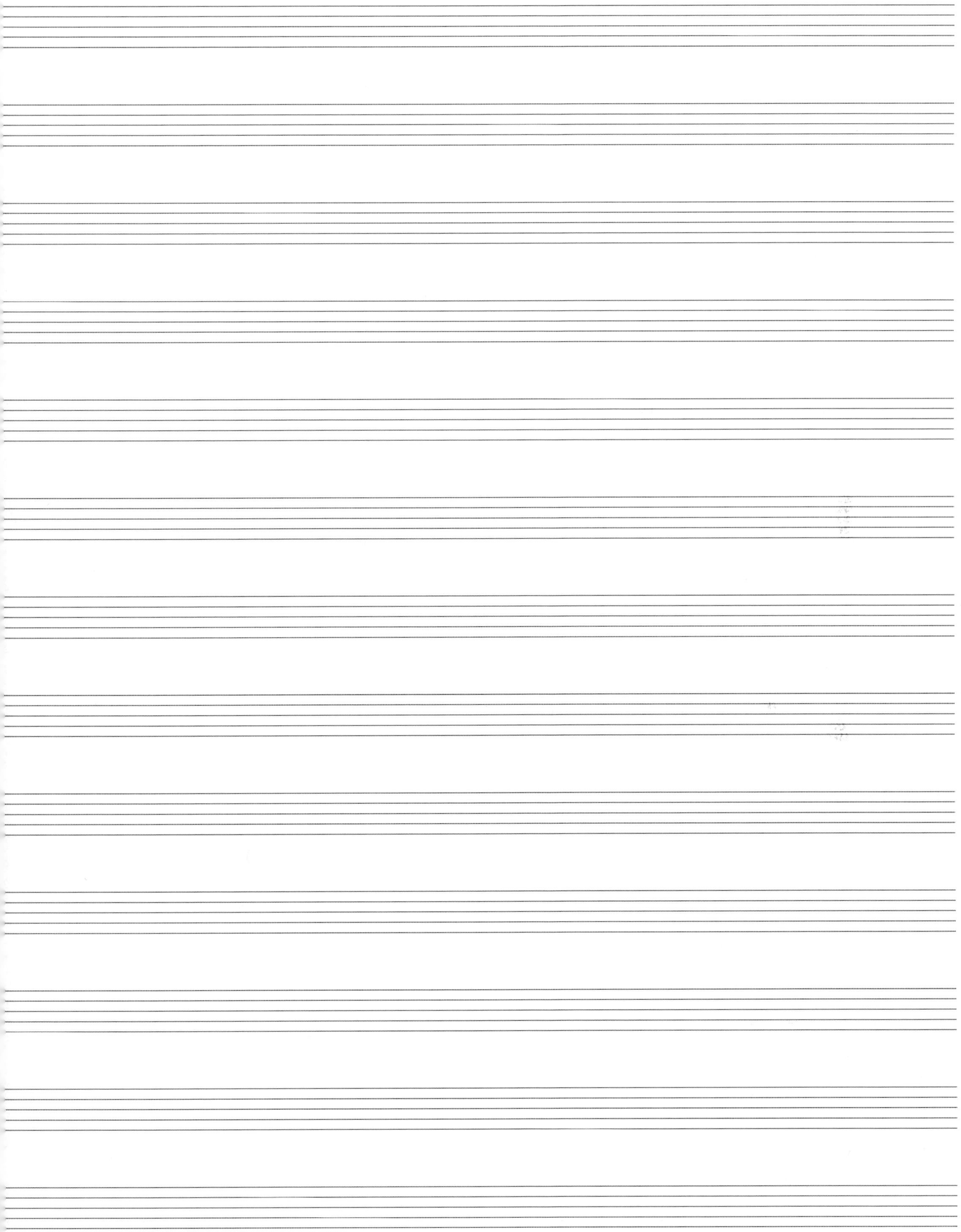

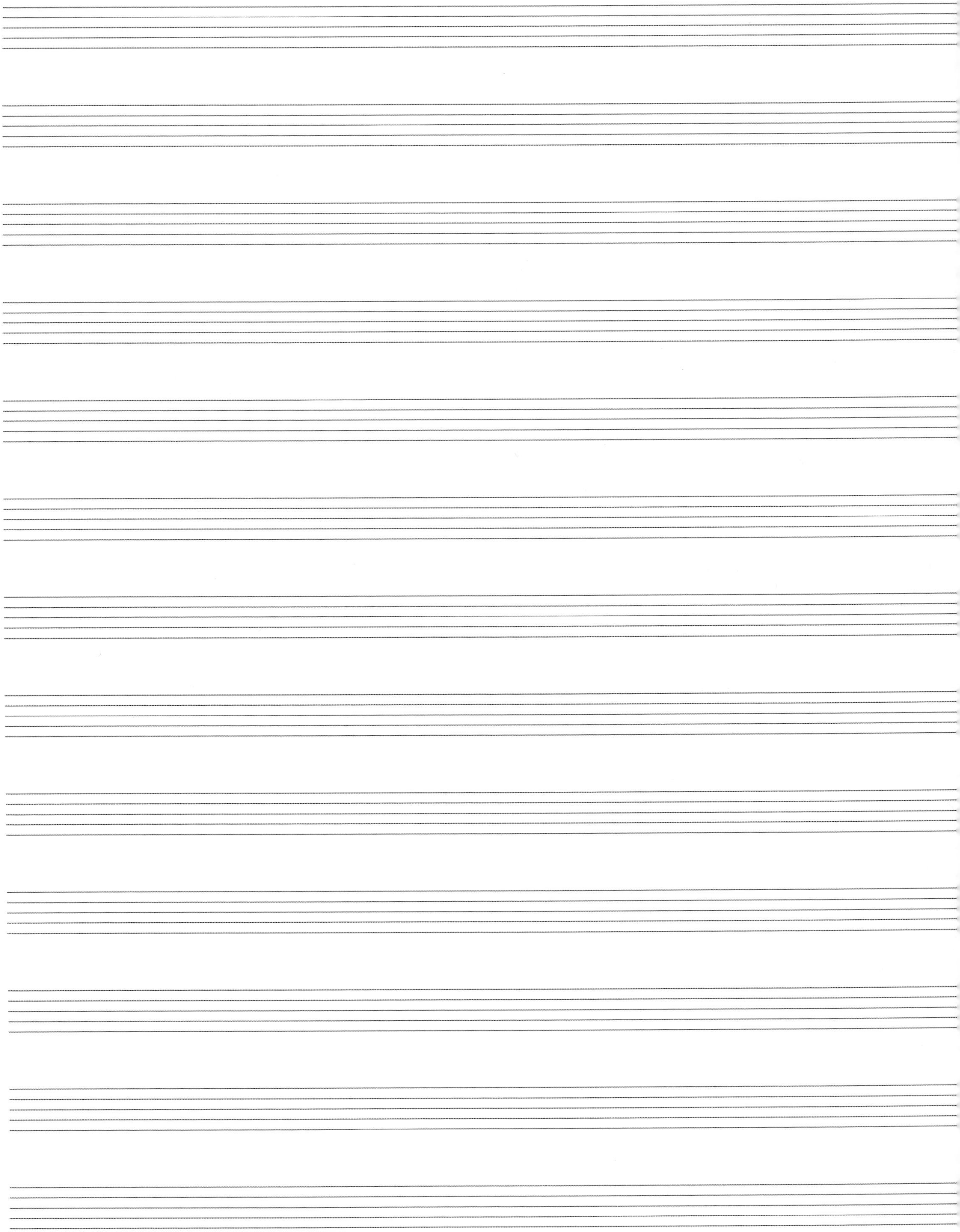

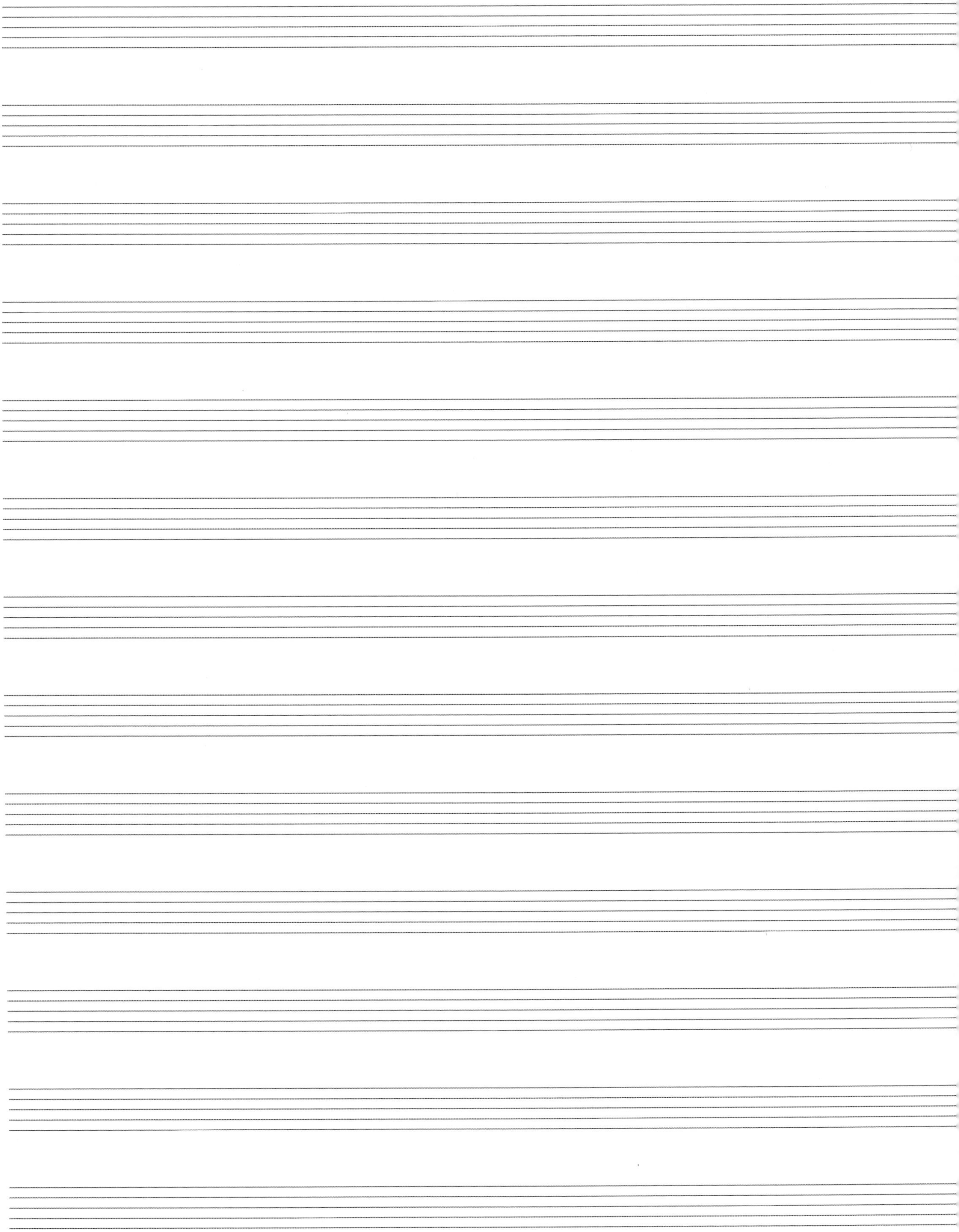

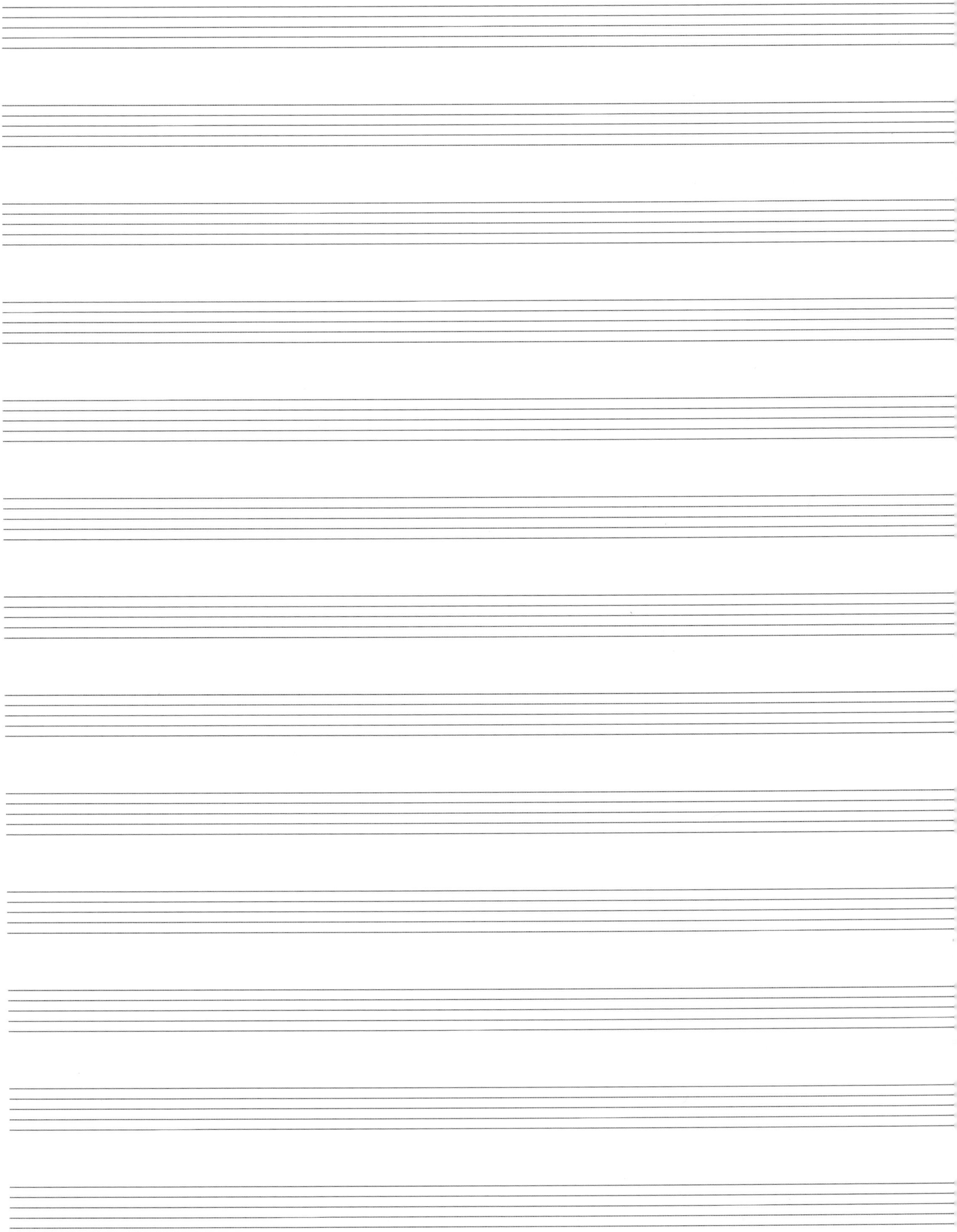

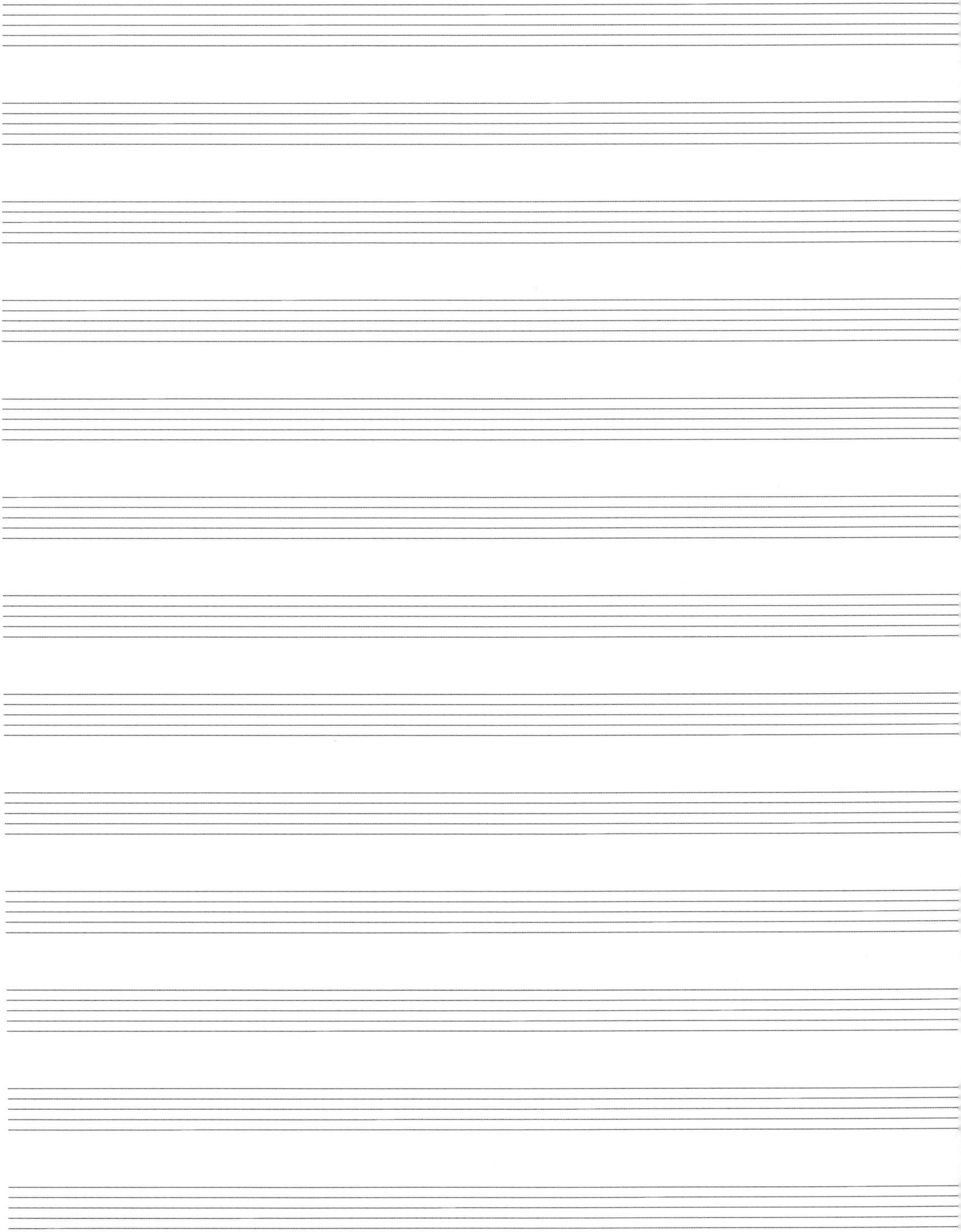

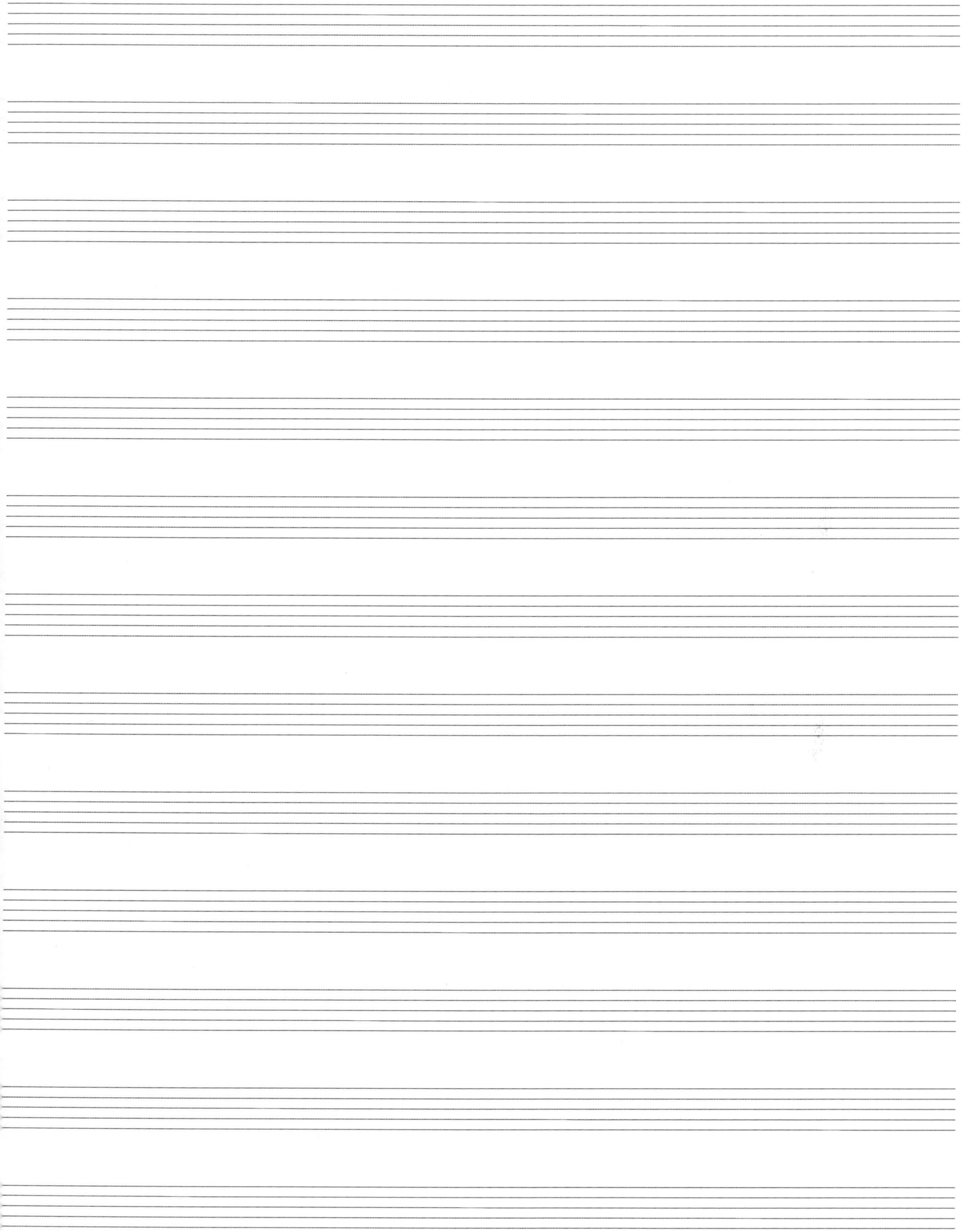

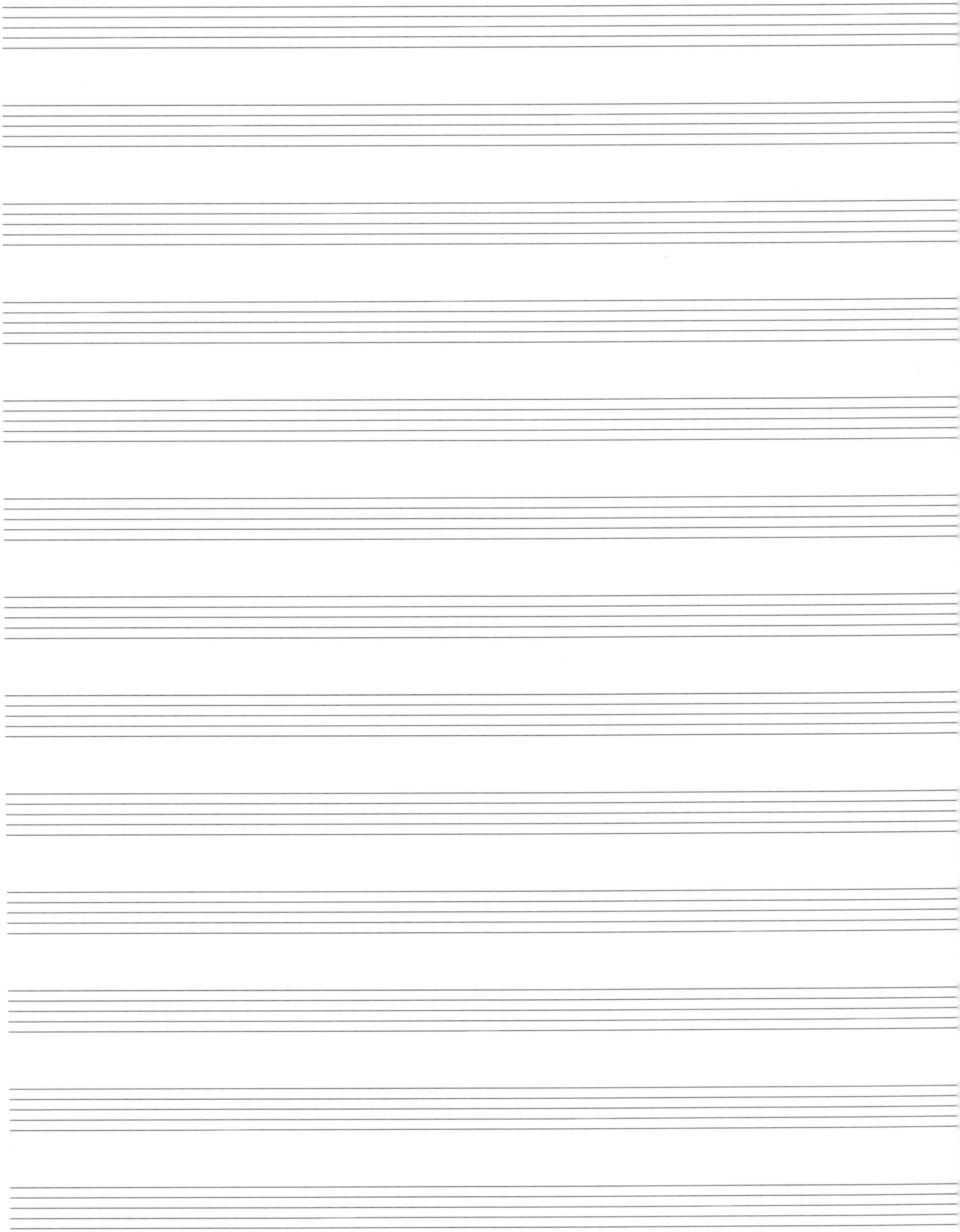

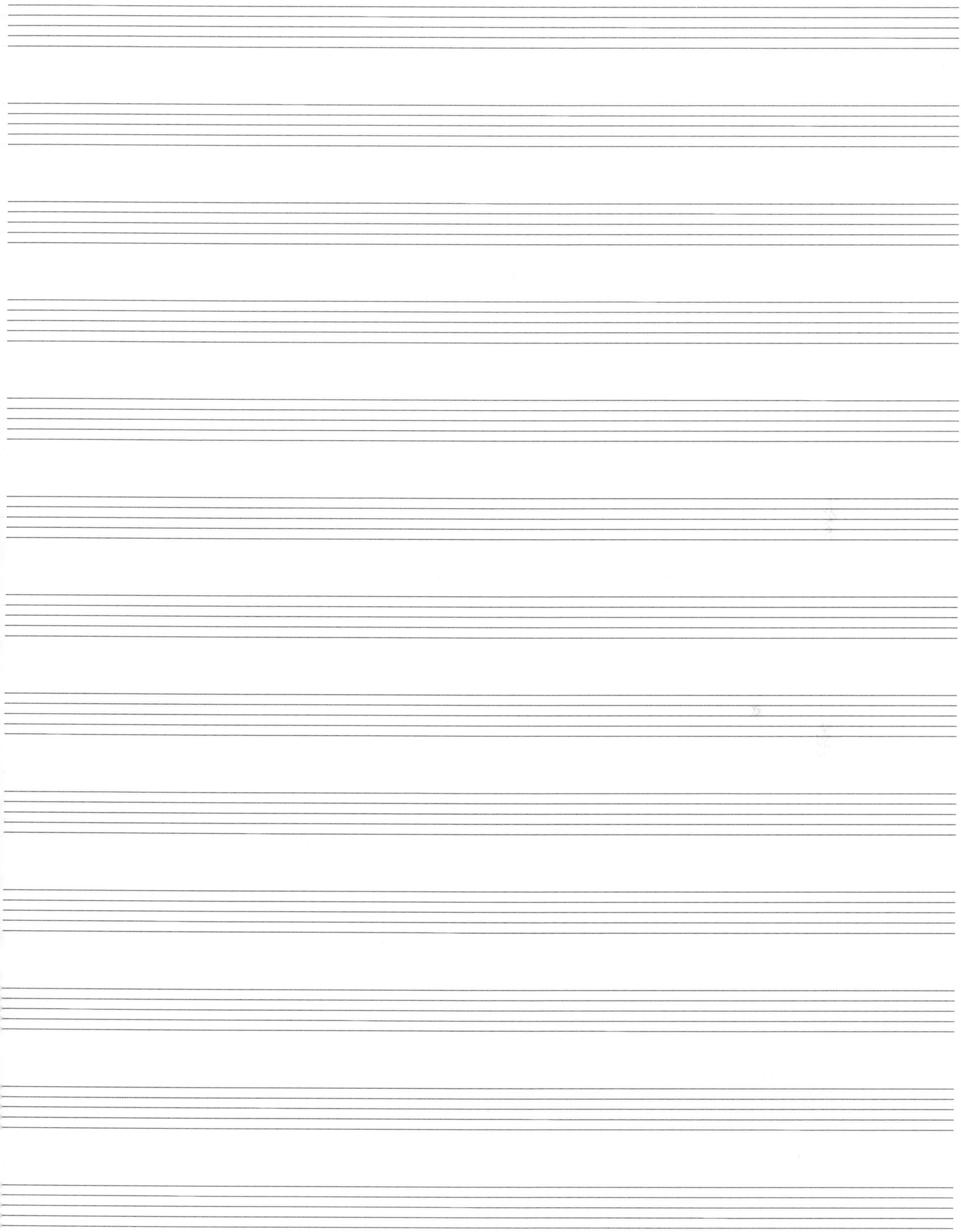

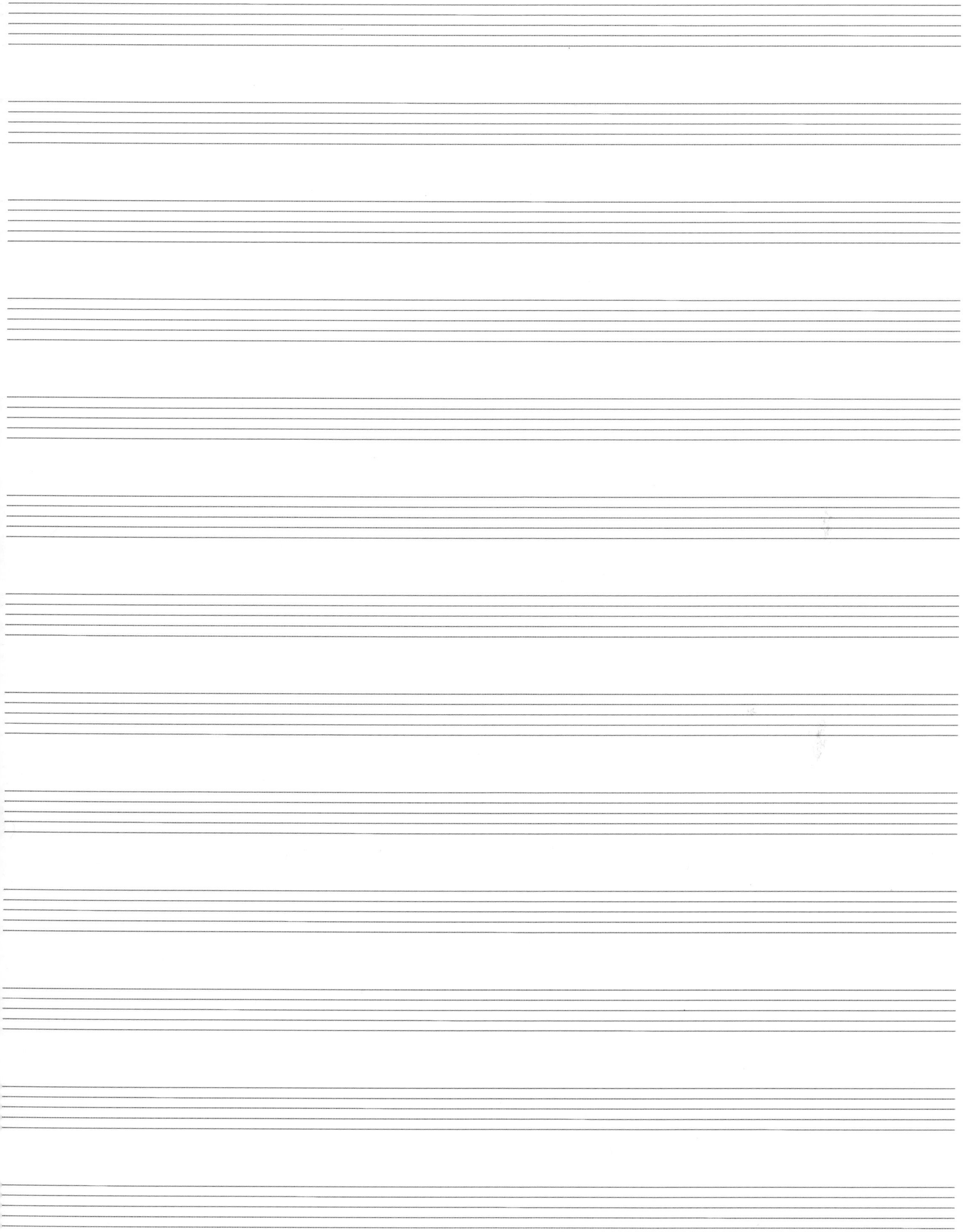

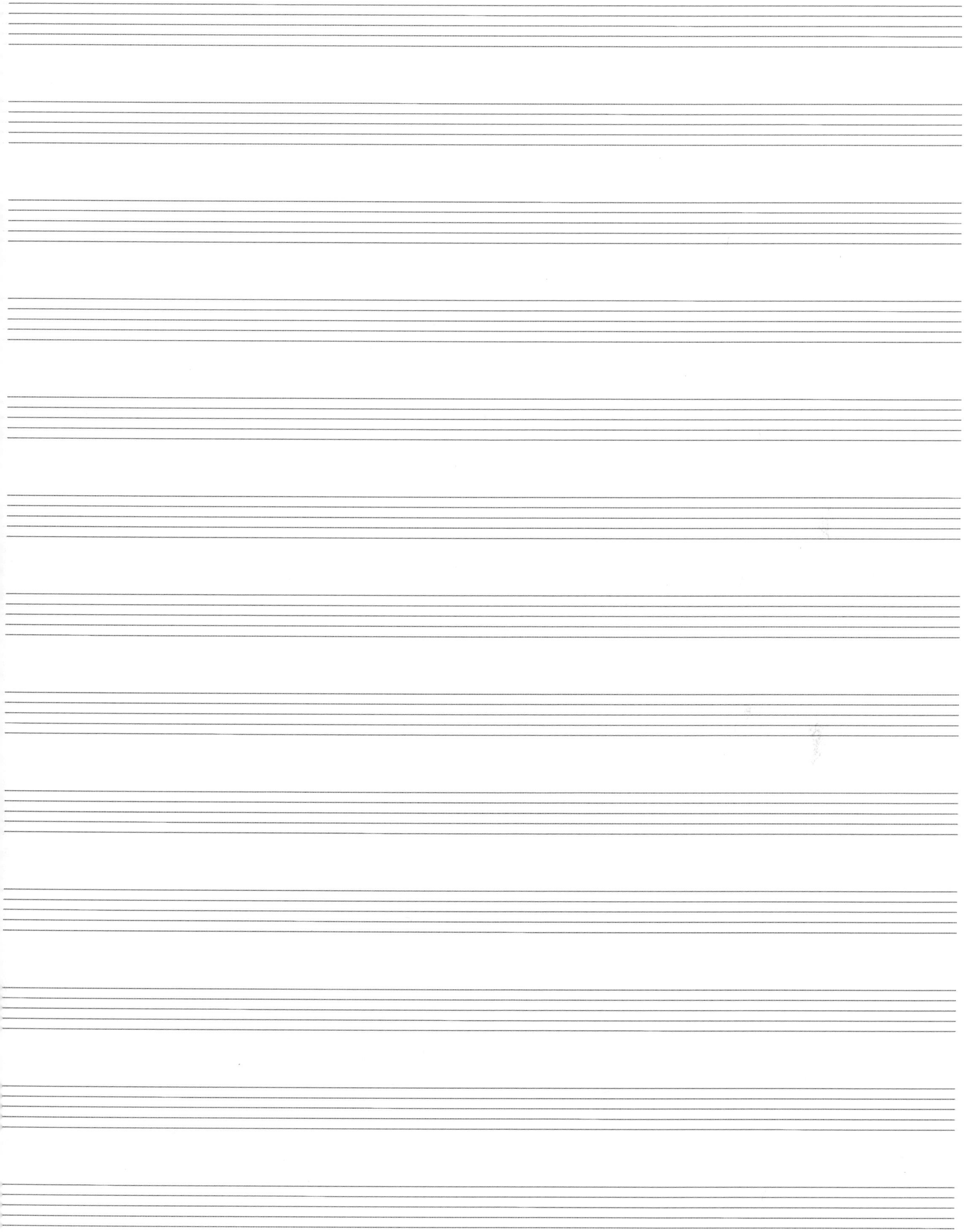

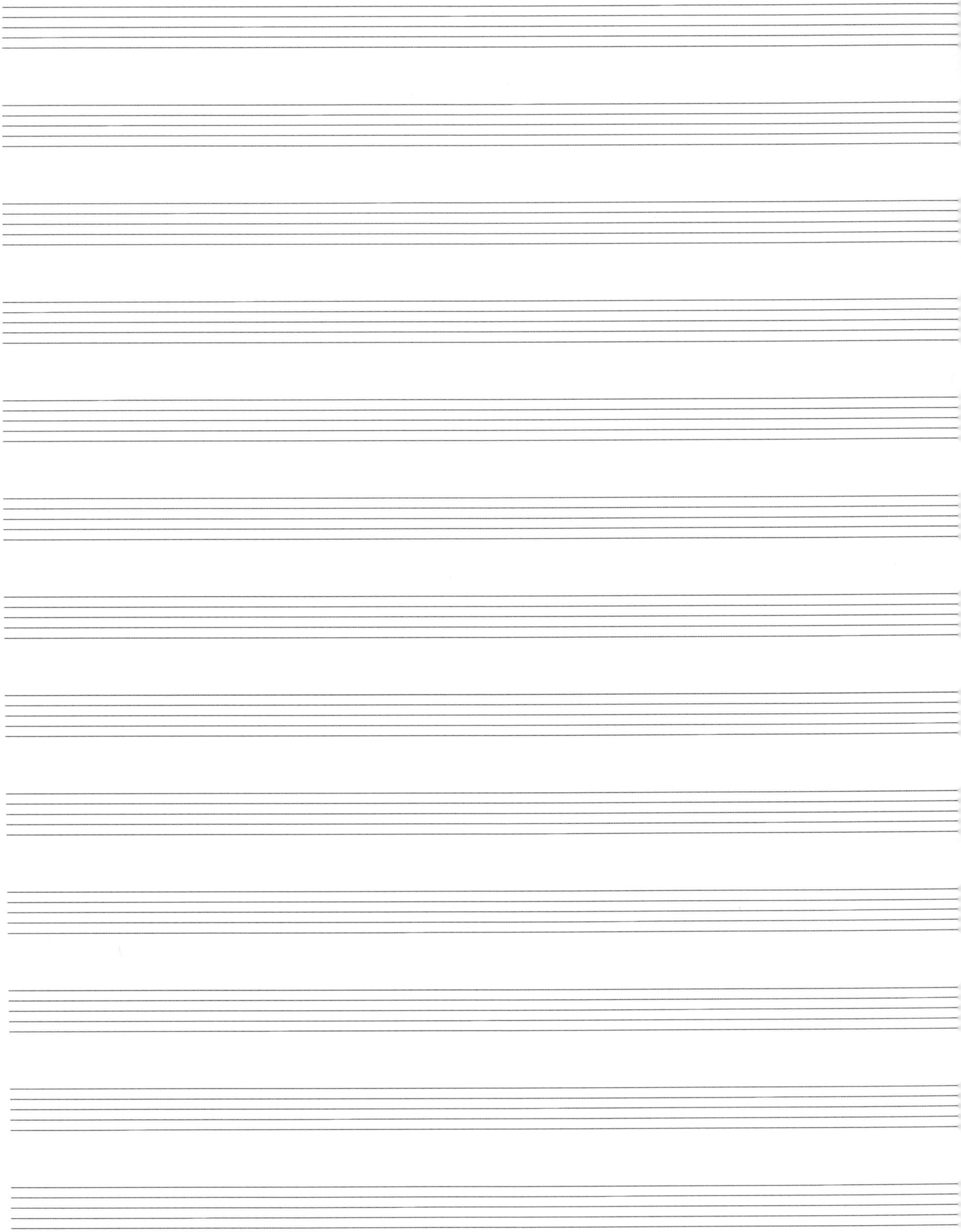

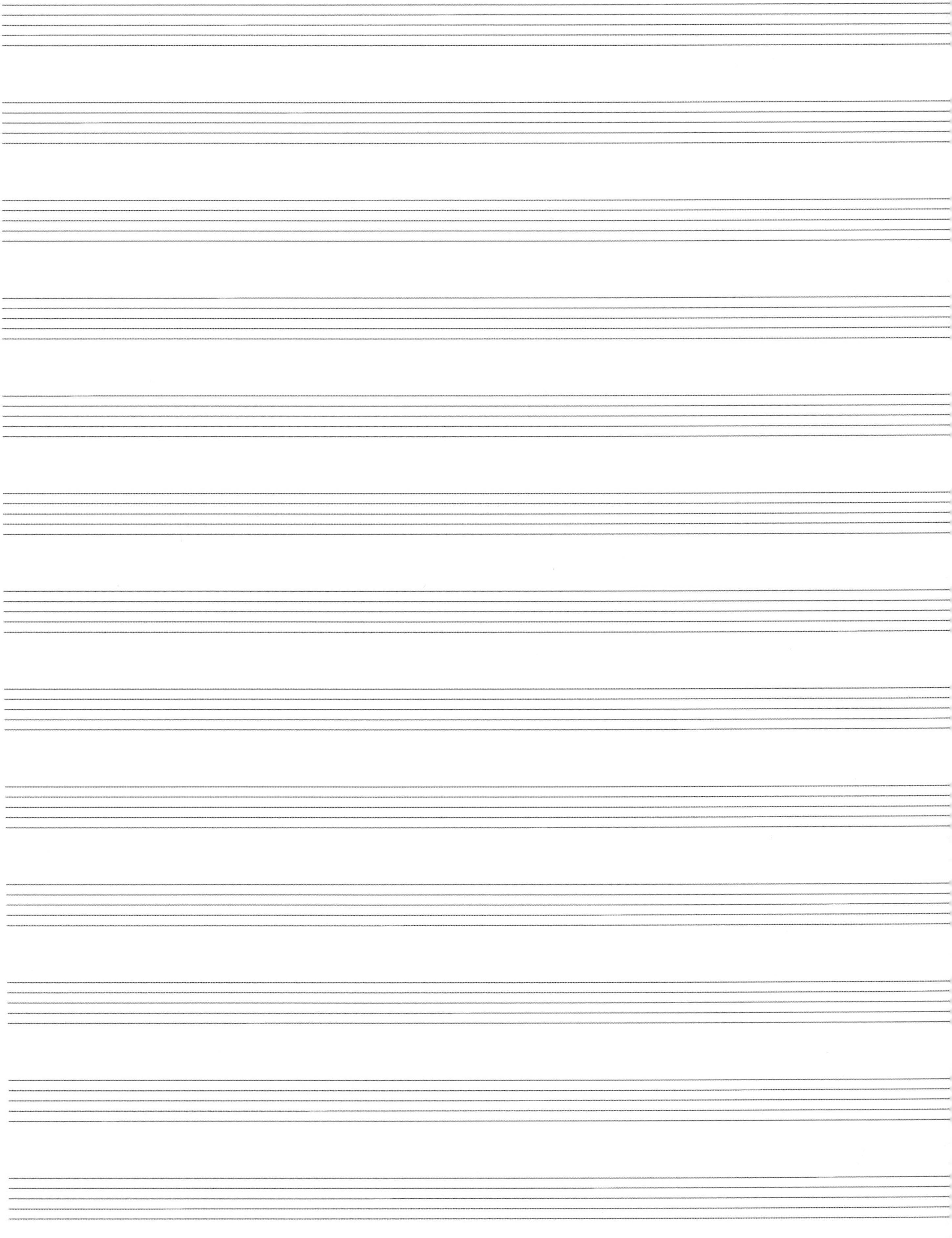

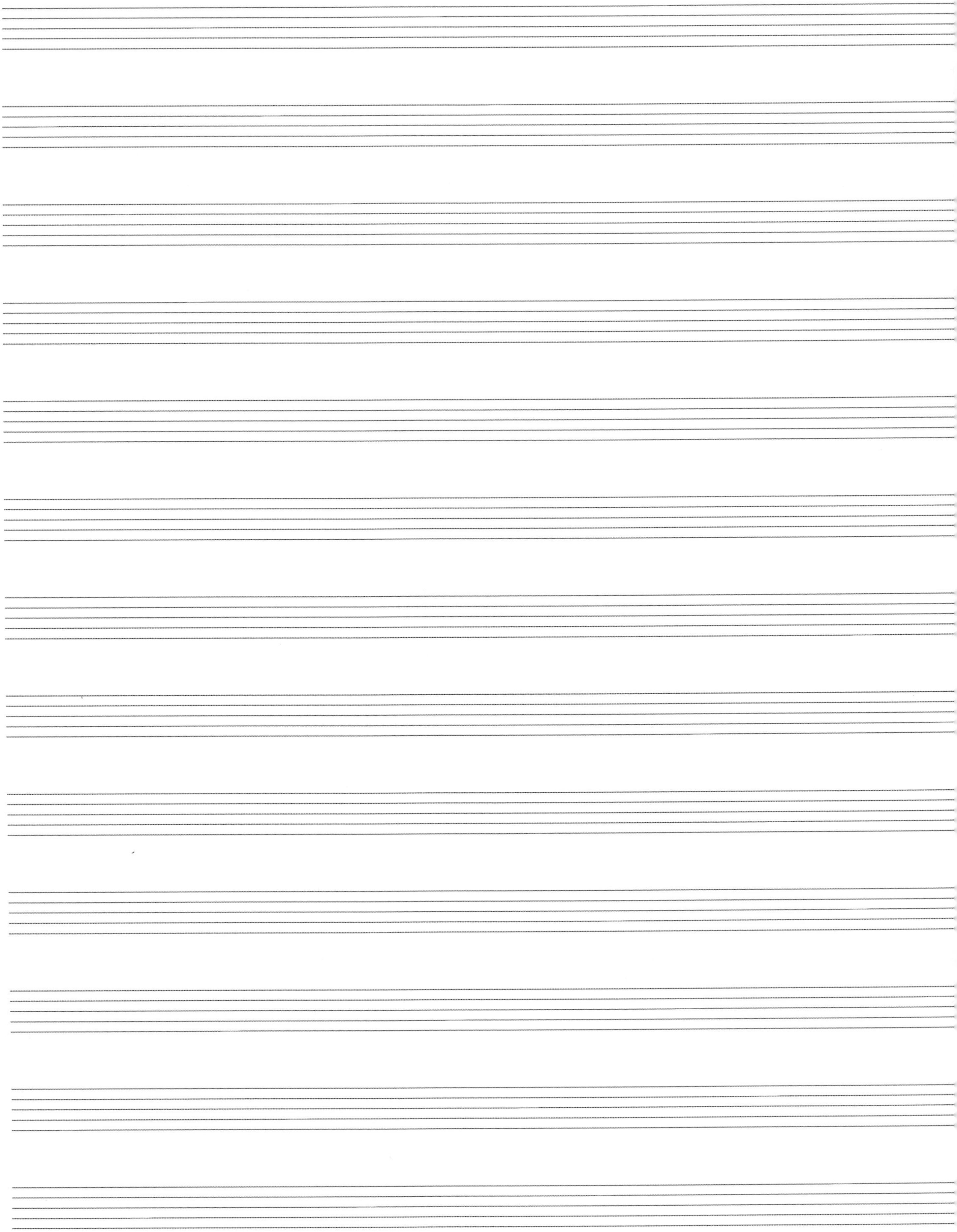

Made in the USA
Las Vegas, NV
18 January 2021

16129947R00061